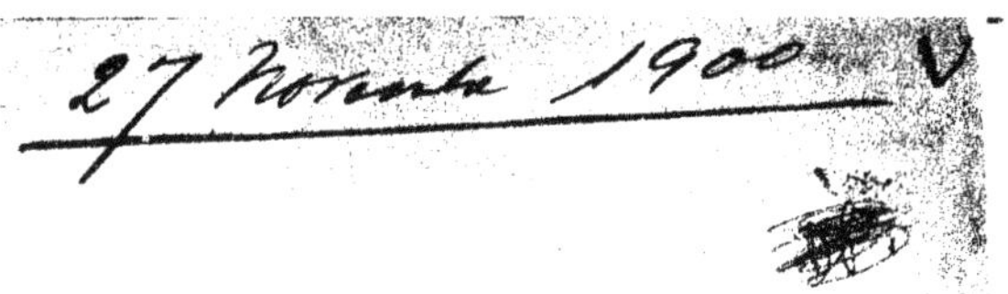

Anciennes Boiseries

DE SALON

Du temps de Louis XV

MEUBLES ANCIENS

Tableaux Estampes Miniatures

PORCELAINES, BISCUITS, TERRES CUITES

Bronzes, Feux, Pendules

TAPISSERIES

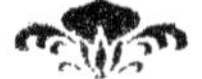

M J. GUILLET, Commissaire-Priseur

M. C. BELVAL, Expert

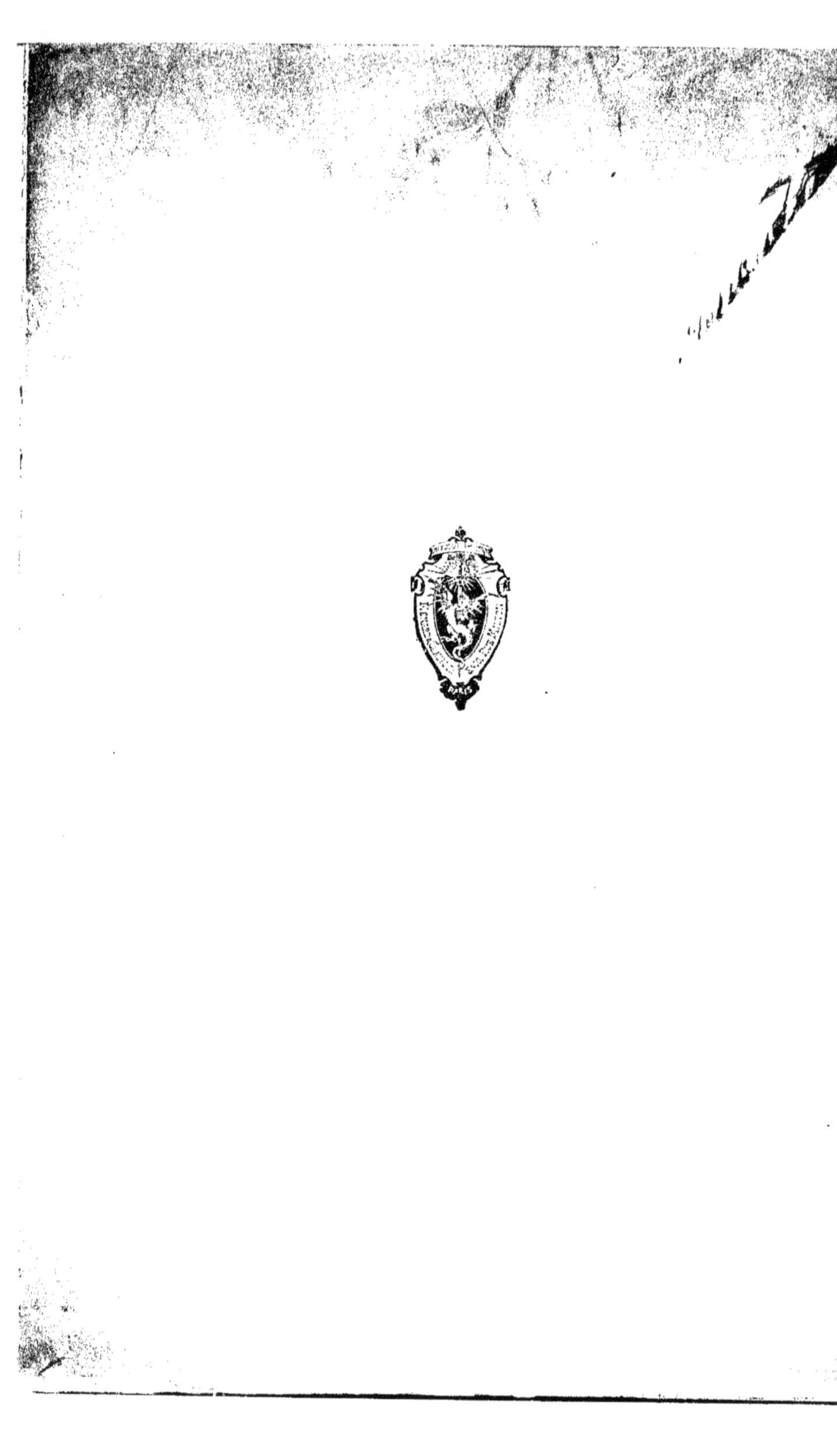

VENTE

HOTEL DROUOT, SALLE N° 11

Le Mardi 27 Novembre 1900, à 2 h. 1/2

ANCIENNES BOISERIES DE SALON

en chêne scuplté du temps de Louis XV

TRUMEAUX, GLACES, DOUBLES PORTES, LAMBRIS, ATTIQUES

ET PEINTURES DÉCORATIVES

ATTRIBUÉES À

F. BOUCHER ET J.-B. CHARDIN

MEUBLES ANCIENS

DES ÉPOQUES

RÉGENCE, LOUIS XV, LOUIS XVI ET EMPIRE

TABLES ET CONSOLES BOIS SCULPTÉ ET DORÉ, MEUBLES EN MARQUETERIE

SECRÉTAIRES, GUÉRIDONS

ENCOIGNURES LAQUÉES, SIÈGES, FAUTEUILS, ETC.

TABLEAUX DE MAITRES DE L'ECOLE FRANÇAISE

DE

LE BARBIER ET J.-M. NATTIER

ESTAMPES — MINIATURES

BISCUITS, TERRES-CUITES, PORCELAINES DE CHINE, SÈVRES, SAXE, etc.

BRONZES — FEUX — PENDULES

TAPISSERIE

OBJETS DE VITRINE

Me J. GUILLET — *Commissaire-Priseur* — 34 — RUE BAUDIN — 34

M. BELVAL — *Expert* — 6 — RUE SAINT-GEORGES — 6

Chez lesquels se distribue le Catalogue

EXPOSITION PUBLIQUE

Le Lundi 26 Novembre 1900, de 2 heures à 5 h. 1/2

CONDITIONS DE LA VENTE

Elle sera faite au comptant.

Les acquéreurs paieront *cinq pour cent* en sus des adjudications.

L'exposition permettant au public de se rendre compte de l'état et de la nature des objets, il ne sera admis aucune réclamation une fois l'adjudication prononcée.

PRÉFACE

Les récentes expositions rétrospectives viennent de nous montrer, une fois de plus, combien l'art décoratif fut en faveur au XVIIIe siècle, particulièrement en France.

Les pièces que nous présentons ici aux amateurs en sont un des plus intéressants spécimens.

Ces remarquables peintures décoratives, attribuées aux maîtres Boucher et Chardin, ainsi que les boiseries qui les accompagnent proviennent d'un hôtel provincial du temps de Louis XV.

Tout l'ensemble de ces boiseries fut exécuté en **1735** *d'après les dessins et sous les ordres de* **Gabriel**, *architecte célèbre alors par le beau travail de restauration qu'il venait de faire au palais de Versailles.*

Aujourd'hui que les souvenirs s'éparpillent et disparaissent rapidement, il était bon de rappeler leur origine.

Puissent le charme et la grâce qui se dégagent de ces œuvres des maîtres peintres et sculpteurs les préserver de l'oubli, et leur faire revivre dans une nouvelle demeure les beaux jours d'autrefois.

C. B.

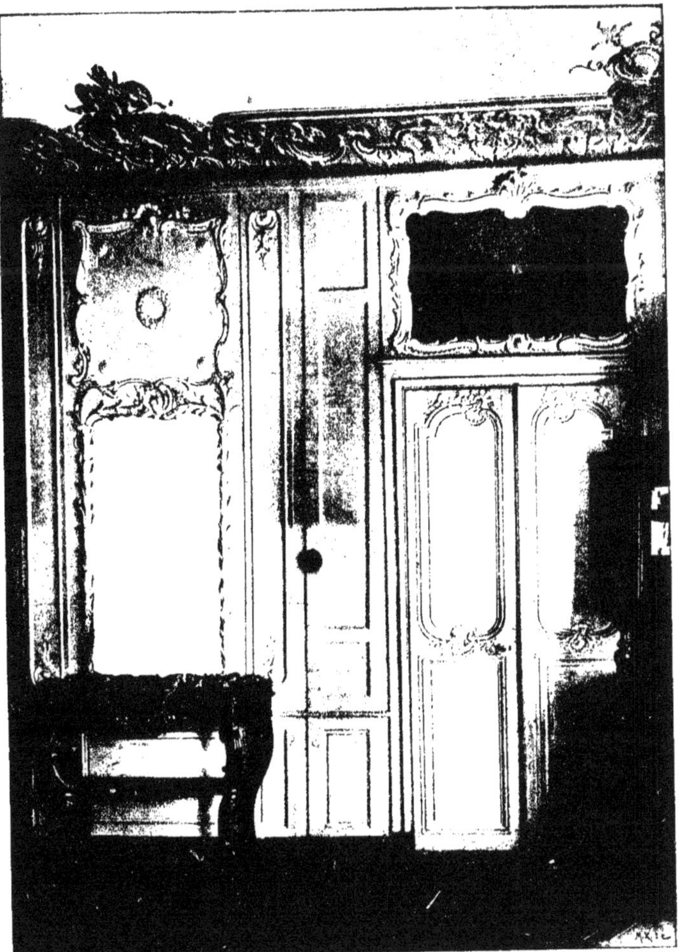

Nos 1 à 3

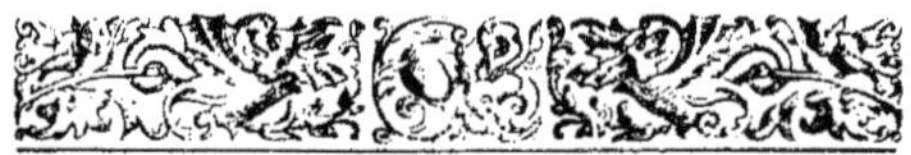

DÉSIGNATION SOMMAIRE

ANCIENNES BOISERIES DE SALON

DE L'ÉPOQUE LOUIS XV

1 — **Trois doubles portes**, en chêne massif, d'environ cinq centimètres d'épaisseur, sculptées en plein, au centre et au fronton de coquilles et de rinceaux. Larges moulures encadrant les panneaux, corniches également moulurées.

Haut. 2 [illegible]

Soubassements et lambris accompagnant.

2 — **Deux dessus de portes** de la même époque, en bois sculpté et ornés de peintures de l'École française du XVIIIe siècle.

Larg. [illegible]

3 — **Trois glaces** formant trumeaux.

L'encadrement est en chêne massif sculpté en plein de longues tiges de roseaux formant l'encadrement.

La partie supérieure est à panneau plein avec motifs également sculptés en plein.

Haut. : 2m05. Larg. : 0m95.

Soubassements et lambris avec moulures et répétition des motifs sculptés.

REMARQUABLE DESSUS DE PORTE

PEINTURE DÉCORATIVE

CHARDIN (Attribué à) Jean-Baptiste-Siméon

4 — **L'Indiscret.**

Dans un intérieur du temps, une femme nue sort du bain. Au premier plan une camériste lui présente sa pantoufle. Derrière, deux femmes portent un peignoir d'étoffe soyeuse. A gauche, une autre camériste prépare, sur une toilette duchesse, la poudre et les parfums. Dans le fond, par une fenêtre entrouverte, l'indiscret, montre son visage souriant et jette la confusion dans cette scène d'intimité.

L'encadrement de ce panneau est en chêne sculpté de l'époque Louis XV. Motifs à coquilles, rinceaux et guirlandes de fleurs.

Haut. : 0m85. Larg. : 1m25.

Bois décapé au naturel.

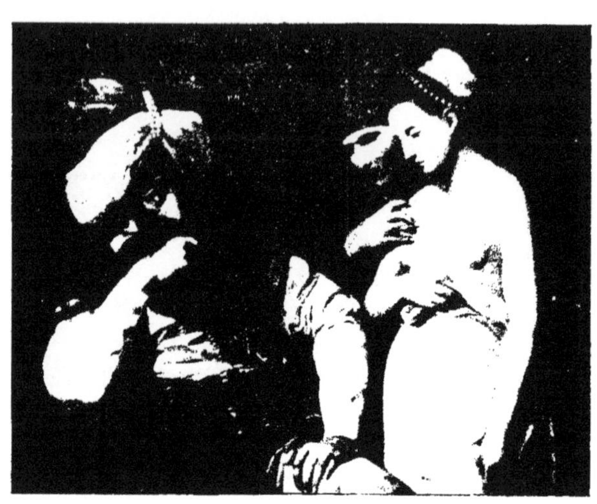

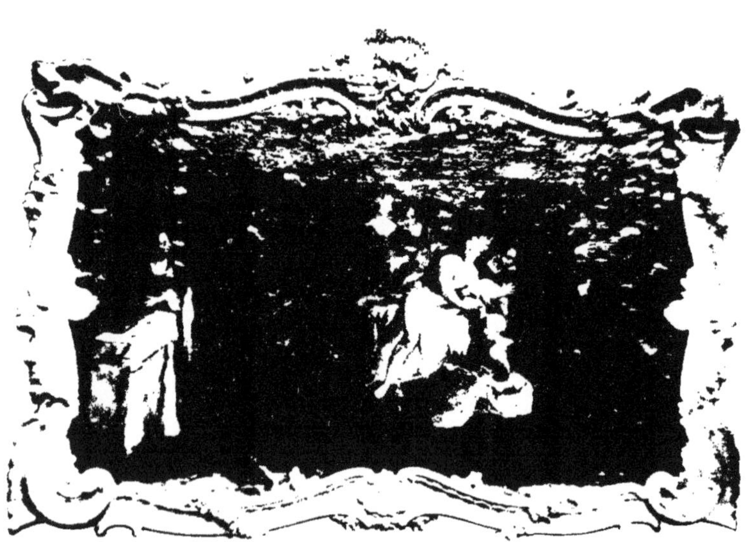

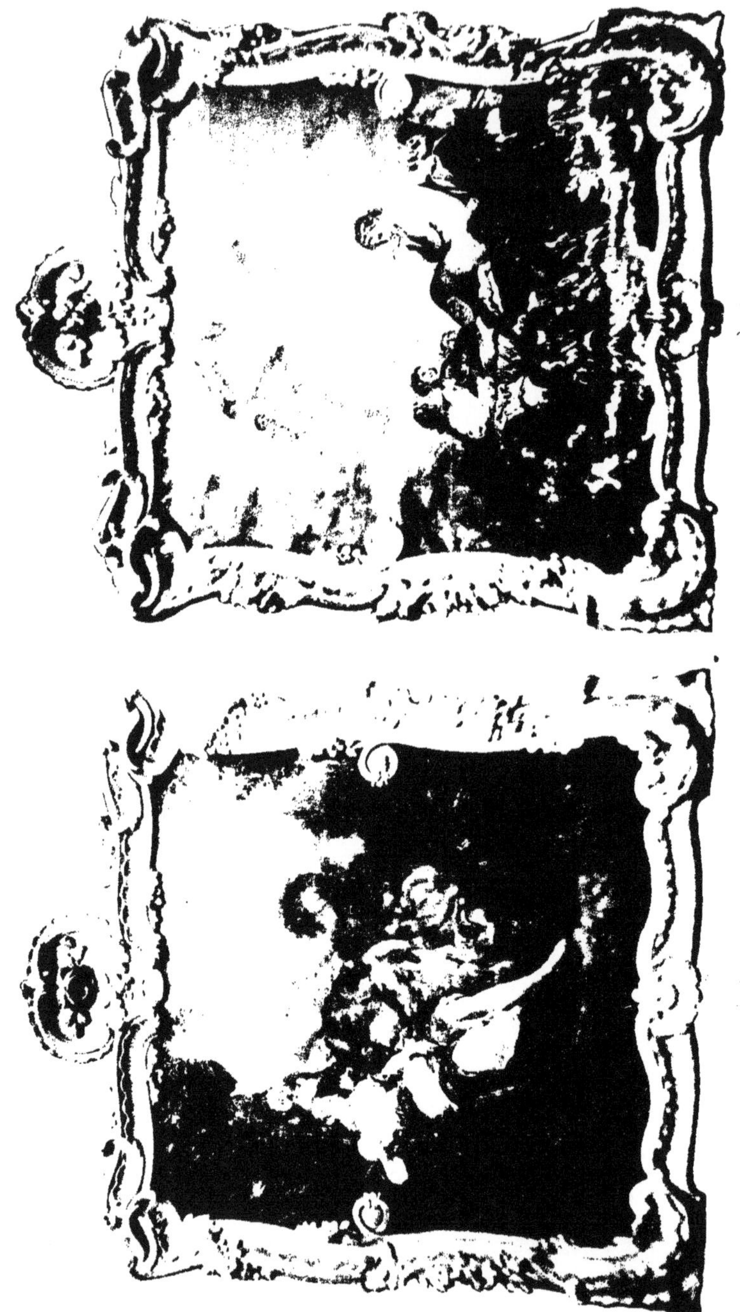

DESSUS DE PORTE

PEINTURE DÉCORATIVE

BOUCHER (Attribuée à F.)

5 — **Le Triomphe d'Amphitrite.**

Une femme nue, portée par des dauphins conduits par des amours au milieu des flots. Dans le ciel, deux amours portent une légère écharpe rose.

L'encadrement est en chêne sculpté de l'époque Louis XV. Motifs à coquilles, rinceaux et guirlandes de fleurs.

Bois décapé au naturel.

Haut. : 0m85. Larg. : 0m75.

BOUCHER (Attribuée à F.)

6 — **La Coquetterie.**

Une femme demi-nue, assise nonchalamment, se regarde dans un miroir porté par un amour. Derrière, une femme debout attend les ordres de sa maitresse; un autre amour tend son arc. Fond de paysage.

L'encadrement est en chêne sculpté de l'époque Louis XV. Motifs à coquilles, rinceaux et guirlandes de fleurs.

Bois décapé au naturel.

Haut. : 0m85. Larg. : 0m75.

TABLEAUX

LE BARBIER (Jean-Jacques dit L'Aîné)

7 — **Le Marchand d'esclaves.**

Le sultan, coiffé d'un haut turban et vêtu d'étoffes soyeuses, est accoudé. Il regarde d'un œil scrutateur la jeune esclave, douloureusement confuse, dont le marchand lève le manteau.

Haut. : 1m02. Larg. : 1m25.

NATTIER (Attribué à J.-M.)

8 — **Portrait de Louis XV.**

Il est posé de trois quart à gauche, le poing sur la hanche. Il porte en sautoir, sur sa cuirasse, les ordres du Saint-Esprit et de la Toison-d'Or.

Haut. : 0m80. Larg. : 0m60.

Cadre en bois sculpté, redoré.

TOURNIÈRES (Attribué à Robert)

9 — **Portrait de gentilhomme.**

ÉCOLE FRANÇAISE DU XVIIIe SIÈCLE

10 — **Portrait de Monseigneur le Dauphin.**

Il est posé de trois-quart à gauche, vêtu d'un habit de cour, les cheveux en boucles, et tenant son tricorne sous le bras.

Médaillon ovale.

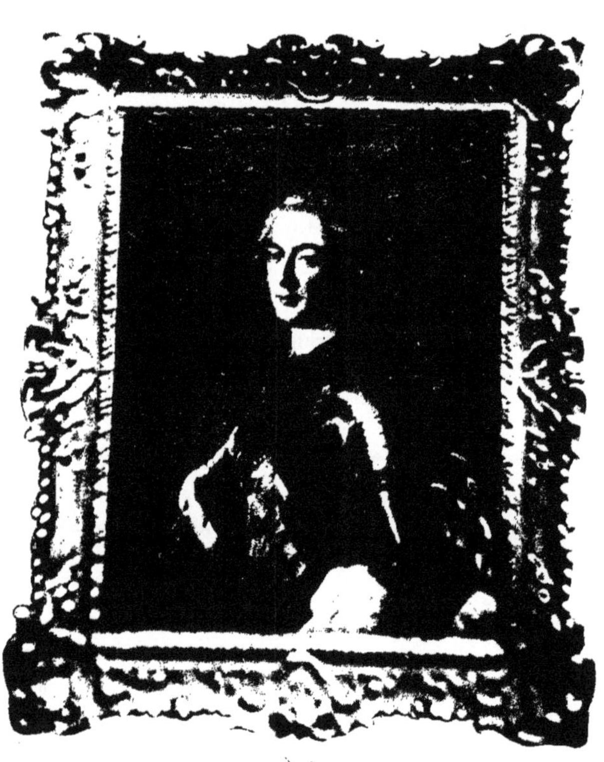

ÉCOLE FRANÇAISE DU XVIIIe SIÈCLE

11 — **Jeune Fille à la colombe.**

Pastel.
Médaillon ovale.

COURTOIS (J., dit le BOURGUIGNON)

12 — **Scène de bataille.**

Cadre en bois sculpté et doré.

ÉCOLE FRANÇAISE DU XVIIIe SIÈCLE

13 — **Portrait de femme.**

Cadre en bois sculpté et doré.

ÉCOLE FRANÇAISE DU XVIIIe SIÈCLE

14 — **Dessus de porte.** Amours en camaïeu.

Cadre bois sculpté.

ESTAMPES

15 — Un lot d'estampes anciennes (encadrées).

A diviser.

MINIATURES

CHARLIER (J.-S.)

16 — **L'Amour captif.**

Très belle miniature sur ivoire.

ÉCOLE ANGLAISE DU XVIIIe SIÈCLE

17 — **Portrait de Mirabeau.**

(Miniature sur ivoire).

BARRAT (École de Sèvres) (Attribué à).

18 — **Fleurs dans un vase.**

(Miniature sur ivoire).

CHÉNARD 1796 (Attribué à).

19 — **Portrait de Mademoiselle de Saint-Géran.**

(Cadre en bronze ciselé et doré).

20 — **Portrait de femme** (Époque Directoire).

ÉCOLE FRANÇAISE DU XVIIIe SIÈCLE

21 — **Portrait de jeune femme.**

ÉCOLE FRANÇAISE DU XVIIIe SIÈCLE

22 — **Portrait de femme** (Époque Empire).

ÉCOLE FRANÇAISE DU XVIIIe SIÈCLE

23 - **La Confidence.**

Miniature sur ivoire (Cadre en or).

OBJETS DE VITRINE

24 - Deux petits médaillons ornés de miniatures. Époque Louis XVI.

25 – Étui-souvenir en nacre garnie d'argent ciselé. Époque Louis XVI.

26 - Étui cylindrique en ivoire sculpté : Amours et attributs. Époque Louis XV

27 — Étui cylindrique, à fond rouge serpentine, décoré de scènes pastorales en grisaille. Époque Louis XVI.

28 — Épée de cour à poignée et garde en argent repoussé et ciselé (fleur de coin). Attributs guerriers. Époque Louis XIV.

29 — Calice en argent massif repoussé et ciselé, rinceaux et arabesques. Travail d'orfèvrerie du XVIIe siècle.

30 — Petit médaillon, bois sculpté, en forme de rosace de verrière, représentant les apôtres. Remarquable travail du XVIe siècle.

31 — Petite boite forme coco en ancienne laque de la Chine (Époque Régence).

32 — Peigne diadème en bronze finement ciselé et doré. Orné de strass et de pierres de couleurs. Époque Régence.

33 — Coupe en ancien émail de Limoges (Époque Empire). Travail du XVe siècle.

34 — Boite à deux compartiments, coco en forme de galère royale sculptée de guerriers et d'attributs. Époque Louis XIV.

FAIENCES, PORCELAINES, BISCUITS

TERRES CUITES

35 — Plateau sur piédouche, décor bleu a lambrequins, ancienne faïence de Rouen.

36 — Bol décoré de chinoiseries, ancienne faïence de Delft doré.

37 — Grand plat polychrome, décor genre pagode. Ancienne faïence de Sceaux.

38 — Deux vases décorés, ancienne faïence d'Urbino.

39 — Potiche ovoïde avec couvercle à décor polychrome en ancienne porcelaine du Japon.

40 — Deux potiches hautes, a décor polychrome, en ancienne porcelaine du Japon. Montées en lampes.

41 — Deux bouteilles, forme gourde à couronnement, en ancienne porcelaine de la Chine, famille verte.

42 — Deux coupes de surtout de table, formées de trois plateaux superposés, en ancienne porcelaine de la Chine, famille rose, montées de bronze ciselé et doré.

43 — Trois sucriers en ancienne porcelaine de la Chine, et du Japon, décors variés.

44 — Jardinière, à décor polychrome, en ancienne porcelaine de la Chine.

45 — Petit sucrier, à décor sanguine, en ancienne porcelaine de Mayence.

46 — Bouteille haute, en ancienne porcelaine de la Chine, de la famille verte.

47 — Coupe à fruits, en cristal taillé. Époque Empire.

48 — Deux dragons en ancienne porcelaine blanche de la Chine.

49 — Statuette de divinité en ancienne porcelaine blanche de la Chine.

50 — **L'Été et l'Hiver**. Petit groupe décoratif en ancienne porcelaine tendre de Louisbourg.

51 — **Buste de Marat**, en biscuit de Sèvres, sur colonnette en ancienne porcelaine tendre de Sèvres, décor bleu et or.

52 — Pot à crème, décoré de bouquets de roses, dents de loup dorées, en ancienne porcelaine tendre de Sèvres.

53 — Deux potiches hautes, de forme ovoïde, en ancienne porcelaine de la Chine, de la famille verte.

54 — Flambeau à deux lumières : Des amours portant des fleurs, en ancienne porcelaine de Saxe.

55 — **Les Trois Grâces**, important groupe en ancien biscuit de Saxe Marcolini (1796).

56 — **Le Temps aiguisant les flèches de l'amour**. Petit groupe en ancien biscuit de Saxe Marcolini (1796).

57 — **La Bergère et le Troubadour**. Important groupe en ancien biscuit de Paris.

TERRES CUITES

58 — **Allégorie du Printemps**.

Groupe de deux enfants nus, jouant avec un nid d'oiseaux.

Haut. : 0m80.

59 — **Allégorie de l'Été**.

Groupe de deux enfants nus, portant des gerbes de blé.

Haut. : 0m80.

60 — **Allégorie de l'Automne.**

Un enfant nu, couronné de lierre, est adossé à un pampre, il presse dans sa main levée une grappe de raisins.

Haut : 1m.

BRONZES, PENDULES, FEUX

61 — Très belle garniture de cheminée composée d'une pendule à personnages belle patine noire avec bas-relief et écoinçons en bronze ciselé et doré et de deux vases, forme Médicis, en bronze ciselé. École de THOMIRE.

62 — Deux carlins, en bronze ciselé et doré sur tablette en marbre blanc (Formant pendants). Époque Louis XV.

63 — Flambeau à deux lumières. Un joueur de pipeaux en ancienne porcelaine d'Allemagne monté sur terrasse en bronze ciselé et doré de l'époque Louis XV. Les branches du flambeau sont ornées de fleurs en ancienne porcelaine de Saxe.

64 — Deux amours. Bronze à belle patine noire. École de CLODION.

65 — L'aigle et l'enfant. Petit groupe décoratif en bronze ciselé et doré, sur colonnette en marbre blanc. Époque Louis XVI.

66 — Anciens feux en bronze ciselé. Draperies et guirlandes, traces de dorure. Époque Louis XVI.

67 — Deux flambeaux appliques. Cors de chasse, bronze ciselé et doré au mercure. Époque Empire.

68 — Deux flambeaux, bronze ciselé et doré au mercure. Époque Directoire.

69 — Deux flambeaux, bronze ciselé et doré. Époque Louis XVI.

70 — Lustre à vingt-quatre lumières. Bronze ciselé et doré. Époque Empire.

71 — Deux petits flambeaux. Bronze argenté. Époque Louis XV.

72 — Pendule ancienne. Travail anglais. Époque Louis XV.

MEUBLES

73 — Table en chêne sculpté et doré, ceinture à canaux ajourés, pieds en forme de carquois. Dessus de marbre sanguine à moulures. Époque Louis XVI.

74 — Deux meubles d'encoignure, en bois laqué, décor de chinoiseries. Dessus de marbre blanc. Époque Régence.

75 — Petit meuble d'artiste en marqueterie de bois de couleurs. Époque Louis XVI.

76 — Console Louis XVI, en bois sculpté et doré. Dessus de marbre blanc.

77 — Guéridon-tricoteuse en marqueterie de bois de rose. Époque Louis XVI.

78 — Deux fauteuils en bois sculpté, recouverts de soie à bouquets. Époque Régence.

79 — Petite armoire d'acajou, ornée de bronze ciselés et dorés. Époque Empire.

80 — Table à jeu Louis XVI, garnie de cuivres, pieds cannelés.

81 — Pupitre de musicien, en acajou garni de cuivres. Époque Empire.

82 — Deux tables Louis XVI en marqueterie de bois de couleurs à damiers.

83 — Petite console d'entre-deux de croisée Louis XVI en bois sculpté et doré, ceinture à canaux ajourés et guirlandes de fleurs, entre-jambe avec vase fleuri. Dessus de marbre. Partie supérieure formant trumeau en bois sculpté de rubans et perlé.

84 — Secrétaire en marqueterie de bois de rose. Chutes, poignées et entrées en bronze ciselé et doré. Époque Louis XVI.

85 — Guéridon en marqueterie d'écaille et de cuivre, décor de chinoiseries, sur pied colonne torse en bois sculpté et doré. École de Boulle.

86 — Guéridon en marqueterie de cuivre et d'écaille, décor de chinoiseries. (Pendant du précédent). École de Boulle.

TAPISSERIES

87 — Petit panneau en tapisserie-verdure à petits points Époque Louis XV.

88 — Tapisserie à petits personnages dans un paysage. Genre verdure à petits points, avec bordures complètes. Époque Louis XIV.

89 — Tapisserie à petit personnage dans un paysage genre verdure. Bordures. Époque Louis XIV.

90 — Petit panneau en tapisserie de soie au métier, rehaussé de broderie de soie au passé à la main. Époque Empire.

91 — Objets omis.

www.ingramcontent.com/pod-product-compliance
Ingram Content Group UK Ltd.
Pitfield, Milton Keynes, MK11 3LW, UK
UKHW020220180726
13838UKWH00005B/2116